FULL SCORE

WSEB-19-003

オリンピック東京大会ファンファーレ

Fanfare of the Tokyo Games

作曲：今井光也
Mitsuya Imai

トランペット4重奏
Trumpet Quartet

B♭ Trumpet 1
B♭ Trumpet 2
B♭ Trumpet 3
B♭ Trumpet 4

1964年の東京五輪開会式に使われた今井光也の作曲。演奏会はもちろん、体育祭やイベントにピッタリのファンファーレです。

オリンピック東京大会ファンファーレ
トランペット4重奏 Trumpet Quartet
Fanfare of the Tokyo Games

Mitsuya Imai

パート譜は切り離してお使いください。

Bb Trumpet 3

トランペット4重奏 Trumpet Quartet
オリンピック東京大会ファンファーレ
Fanfare of the Tokyo Games

Mitsuya Imai

B♭ Trumpet 1

トランペット4重奏 Trumpet Quartet
オリンピック東京大会ファンファーレ
Fanfare of the Tokyo Games

Mitsuya Imai

B♭ Trumpet 2

トランペット4重奏 Trumpet Quartet
オリンピック東京大会ファンファーレ
Fanfare of the Tokyo Games

Mitsuya Imai

B♭ Trumpet 4

トランペット4重奏 Trumpet Quartet

オリンピック東京大会ファンファーレ
Fanfare of the Tokyo Games

Mitsuya Imai

ご注文について

ウィンズスコアの商品は全国の楽器店、ならびに書店にてお求めになれますが、店頭でのご購入が困難な場合、当社WEBサイト・電話からのご注文で、直接ご購入が可能です。

◎当社WEBサイトでのご注文方法

winds-score.com

上記のURLへアクセスし、オンラインショップにてご注文ください。

◎お電話でのご注文方法

TEL.0120-713-771

営業時間内に電話いただければ、電話にてご注文を承ります。

※この出版物の全部または一部を権利者に無断で複製(コピー)することは、著作権の侵害にあたり、著作権法により罰せられます。

※造本には十分注意しておりますが、万一、落丁・乱丁などの不良品がありましたらお取り替えいたします。また、ご意見・ご感想もホームページより受け付けておりますので、お気軽にお問い合わせください。